ANTONÍN DVOŘÁ

SONATINE

G-Dur / G major

für Violine und Klavier / for Violin and Piano

op. 100

Herausgegeben von / Edited by

Anne Marlene Gurgel

Bezeichnung der Violinstimme von / Violin part edited by

Ulfert Thiemann

C. F. PETERS

FRANKFURT/M. · LEIPZIG · LONDON · NEW YORK

SONATINE

I

Antonín Dvořák (1841-1904)
Opus 100
Herausgegeben von Anne Marlene Gurgel

Edition Peters Nr. 9363

10238

4

II

III

SCHERZO
Molto vivace

14

IV

FINALE
Allegro

10238

SONATINE

Violine

I

Antonín Dvořák (1841-1904)
Opus 100
Bezeichnet von Ulfert Thiemann

Violine

II

III

Violine

*) Vorschlag aus der Praxis vieler Interpreten *(ppp)*
Suggestion from the practice of many Violinists *(ppp)*

10238

*) Die eingeklammerten Fingersätze gelten für die Oktavierung
Fingerings in brackers belong to the play in 8va

10238

MUSIK FÜR VIOLINE / MUSIC FOR VIOLIN

Violine solo

J.S. BACH 6 Sonaten und Partiten BWV 1001-1006 (Rostal) EP 9852
GENZMER Sonate (1983/84, rev. 1991) . . . . EP 8683
HALVORSEN Slåtter, Norwegische Bauerntänze . . . . EP 3083
NIELSEN Präludium und Thema mit Variationen op. 48 . . EP 3817
PAGANINI 24 Capricen op. 1 (Hertel) . . . . EP 9979
REGER 6 Präludien und Fugen op. 131a . . . . EP 3968
– Präludium e-Moll op. posth. EP 3968d
RODE 24 Capricen (Davisson) . . . . EP 281a
R. STRAUSS Orchesterstudien (Prill) . . . . EP 4189a/b
TELEMANN 12 Fantasien f. Violine ohne Baß (TWV 40: 14-25)
(Fechner/Thiemann) . . . . EP 9365
VIEUXTEMPS 6 Konzertetüden op. 16 (Arbós) . . . . EP 2564
– 6 Morceaux op. 55 (Drüner) . . . . EP 8356
M. WEISS Sonate für Violine solo (1985) . . . . EP 10478
WIENIAWSKI Etudes caprices op. 18 . . . . EP 3395
– L'École moderne op. 10 . . . . EP 3368

2 bis 3 Violinen

BOCCHERINI Duos: G, E, f (GV 63-65) (Sitt) . . . . EP 3338
GENZMER Studieren und Musizieren für 2 Violinen (E. Keller)
– Teil 1-2: 26 Duos . . . . EP 8432a
– Teil 3: Sonatine . . . . EP 8432b
– Teil 4: 12 Duos . . . . EP 8432c
HAYDN 3 Duos op. 99 (nach Hob. III: 40; III: 20; III: 23) . . EP 3303
LECLAIR Sonaten A, F, D (op. 3 Nr. 2, 4, 6) für 2 Vl. . . . . H 15
PACHELBEL Kanon und Gigue für 3 Violinen und B.c.(Gurgel) EP 9846
REGER 3 Duos op. 131b
– Nr. 1 e-Moll . . . . EP 3969d
– Nr. 2 d-Moll . . . . EP 3969e
– Nr. 3 A-Dur . . . . EP 3969f
SPOHR 3 Duette op. 3 . . . . EP 1086a
– 2 Duette op. 9 . . . . EP 1086b
– 3 Duette op. 39 . . . . EP 1086c
– 3 Duette op. 67 . . . . EP 1086d
TELEMANN 6 Kanonische Sonaten für 2 Violinen
TWV 40: 118-123 (C. Herrmann) . . . . EP 4394
VIOTTI Duos op. 29 (C. Herrmann) . . . . EP 1087a

Violine und Klavier / Cembalo

C.Ph.E. BACH Sonate g-Moll für Fl. (Vl.) und Cemb./Klavier,
(früher J.S. Bach zugeschrieben, BWV 1020) (Gurgel/Jacobi) . EP 9856
J.S. BACH Sonaten h, A, E (BWV 1014-1016) . . . . EP 4591a
– Sonaten c, f, G (BWV 1017-1019) (Stiehler/Schleifer) . . . EP 4591b
– Sonaten G, e, c (BWV 1021, 1023, 1024) für Violine
und Basso continuo (H. Keller) . . . . EP 4591c
BEETHOVEN Sonaten (J. Joachim)
– Bd. I op. 12/1-3; 23; 24 (Frühlingssonate) . . . . EP 3031a
– Bd. II op. 30/1-3; 47 (Kreutzersonate); 96 . . . . EP 3031b
– Sonate F-Dur op. 17 (orig. für Horn) (Fr. Hermann) . . . . . . EP 149
BOCCHERINI Sonate B-Dur op. 5/3 (GV 27) (Vorholz) . . . EP 8079
BRAHMS Sonaten op. 78, 100, 108 (Flesch/Schnabel) . . . . EP 3900
BUSONI Bagatellen op. 28 . . . . EP 2449
CORELLI Sonaten D, F, e (op. 5 Nr. 1, 4, 8) (Klengel) . . . . EP 3836a
– Sonaten C, g, A (op. 5 Nr. 3, 5, 9) (Klengel) . . . . EP 3836b

CRUMB 4 Nocturnes für Violine und Klavier (1964) . . . . . EP 66465
DEBUSSY Sonate (Garay) . . . . EP 9121
DVOŘÁK Sonatine G-Dur op. 100 (Vorholz) . . . . EP 8162
– Romantische Stücke op. 75 (Gurgel/Thiemann) . . . . EP 9824
FAURÉ Sonate Nr. 1 A-Dur op. 13 (Howat) . . . . EP 7487
– Sonate Nr. 2 e-Moll op. 108 (van Amerongen) . . . . EP 9891a
– Après un rêve (Howat) . . . . EP 7481
FRANCK Sonate A-Dur (Jacobson) . . . . EP 3742
GRIEG Sonate Nr. 1 F-Dur op. 8 . . . . EP 1340
– Sonate Nr. 2 G-Dur op. 13 . . . . EP 2279
– Sonate Nr. 3 c-Moll op. 45 . . . . EP 2414
HÄNDEL Sonaten für Violine und B.c. (Davisson/Ramin)
– – Bd. I Sonaten A, a, F (HWV 361, 368, 370) . . . . EP 4157a
– – Bd. II Sonaten D, A, E (HWV 371, 372, 373) . . . . EP 4157b
– Sonaten für Violine und B.c. (Burrows)
– – Bd. I Sonaten HWV 359a, 361, 364a, 367a, 372, 373 . . . EP 7315
– – Bd. II Sonaten und Stücke HWV 288, 358, 368,
370, 371, 406, 407, 408, 412 . . . . EP 7316
HAYDN Sonaten F, es, G, B, G (Hob. XV: 17, 31, 32, 38;
Hob. XVI, 43bis) (K.H. Köhler) . . . . EP 9017
– Sonate G (nach Hob. III: 81) . . . . EP 190a
JANSCHINOW Concerto im russischen Stil op. 35 . . . . . . EP 4706
KOMAROWSKI Konzert Nr. 1 e-Moll . . . . EP 4747
– Konzert Nr. 2 A-Dur . . . . EP 4780
MENDELSSOHN BARTHOLDY Sonate f-Moll op. 4 . . . . . EP 1732
– Sonate F-Dur, Erstausgabe (Y. Menuhin) . . . . EP 6075
MOZART Sonaten (Flesch/Schnabel)
– Bd. I KV 296, 301-306, 376, 377 . . . . EP 3315a
– Bd. II KV 378-380, 402, 403, 454, 481, 526, 547, 570 . EP 3315b
NOVAČEK Perpetuum mobile (Davisson) . . . . EP 2786
PFITZNER Sonate e-Moll op. 27 . . . . EP 3620
RAFF Cavatine (mit: Vieuxtemps, Rêverie;
Wieniawski, Legende) . . . . EP 3383
REGER Sonate c-Moll op. 139 . . . . EP 3985
– 6 ausgewählte kleine Stücke (op. 79/1,2,3; op. 87/1;
Romanze G, Petite Caprice) (Thiemann) . . . . EP 9105
SAINT-SAËNS Sonate op. 75 (Thiemann) . . . . EP 9291
– Havanaise op. 83 . . . . EP 9292
SCHÖNBERG Fantasie op. 47 . . . . EP 6060
SCHUBERT Rondo in h op.70, Fantasie in C op.159, Varia-
tionen („Trock'ne Blumen") op.160, Sonate in A op.162 . . EP 156b
– Sonatinen D-Dur, a-Moll, g-Moll op. 137 (C. Herrmann) . EP 156a
SCHUMANN Fantasie op. 131 (Davisson) . . . . EP 2368a
– Sonaten a-Moll op. 105, d-Moll op. 121 . . . . EP 2367
– Fantasiestücke op. 73 . . . . EP 2366b
– Märchenbilder op. 113 . . . . EP 2372
– 3 Romanzen op. 94 . . . . EP 2387
TELEMANN 6 Sonatinen (TWV 41: A2, B2, D2, G3, E1, F1)
mit Vc. ad lib. (Maertens/Bernstein) . . . . EP 9096
VERACINI Sonate e-Moll (Lenzewski) . . . . EP 4345
– 12 Sonaten (1716) mit B.c., 4 Bde. (Kolneder) . . . . EP 4965a-d
VIVALDI Die Jahreszeiten op. 8 Nr. 1-4 (Kolneder)
– Nr. 1 Der Frühling RV 269 . . . . EP 9055a
– Nr. 2 Der Sommer RV 315 . . . . EP 9055b
– Nr. 3 Der Herbst RV 293 . . . . EP 9055c
– Nr. 4 Der Winter RV 297 . . . . EP 9055d

Bitte fordern Sie den Katalog der Edition Peters an
For our free sales catalogue please contact your local music dealer

C. F. PETERS · FRANKFURT/M. · LEIPZIG · LONDON · NEW YORK

www.edition-peters.de · www.edition-peters.com

NACHWORT

Antonín Dvořák schrieb die Sonatine G-Dur für Violine und Klavier op. 100 kurz vor der sensationellen New Yorker Uraufführung seiner 9. Sinfonie e-Moll op. 95 *Aus der Neuen Welt* am 16. Dezember 1893. Die Sonatine ist das letzte während seines Amerikaaufenthaltes entstandene Kammermusikwerk. Die dabei erreichte Jubiläumswerkzahl 100 bewog Dvořák, die Komposition seinen sechs Kindern zu widmen, insbesondere der fünfzehnjährigen Ottilie und dem zehnjährigen Tonik, deren damaliger instrumentaler Fertigkeit das Werk angepaßt ist. In nur wenigen Tagen (vom 23. November bis 3. Dezember 1893) komponierte Dvořák in New York ein kleines Werk voller Spontanität und Frische, das er selbst später in einem Brief an seinen Berliner Verleger Fritz Simrock charakterisiert hat: *„Sie ist für die Jugend bestimmt (meinen zwei Kindern gewidmet), aber auch die Großen, Erwachsenen, mögen sich an ihr erfreuen, wie sie eben können."* (Brief vom 2. Januar 1894)

Die ‚Jugend' hat seitdem von der technisch nicht allzu anspruchsvollen Sonatine G-Dur mit musikantischem Vergnügen Besitz ergriffen, und alle ‚Großen' sehen in ihr ein vollendetes Werk echt Dvořákscher Prägung. In allen vier Sätzen ist das ‚amerikanische Kolorit' der Musik Dvořáks spürbar: in der Art der Thematik durch die charakteristische Verwendung der Pentatonik, der kleinen Septime in der Molltonart und der synkopischen Rhythmen. Diese Einflüsse der indianischen Volksmusik und der Spirituals findet man bekanntlich ebenfalls in der Melodik der 9. Sinfonie *Aus der Neuen Welt* und in den zwei anderen Kammermusikwerken des Jahres 1893, dem Streichquartett F-Dur op. 96 und dem Quintett Es-Dur für 2 Violinen, 2 Violen und Violoncello op. 97. Wie stark sich Dvořák in das amerikanische Nationalkolorit in den Jahren seines Aufenthaltes in der ‚Neuen Welt' hineinversetzt hat, zeigt sich besonders im langsamen zweiten Satz des vorliegenden Werkes. So soll die einleitende Melodie entstanden sein, als Dvořák das prachtvolle Farbenspiel des berühmten Wasserfalls Minnehaha im Staat Minnesota im September 1893 betrachtete. Keine wörtlichen Zitate indianischer Melodik sind es also, sondern Dvořáks ureigenste Erfindungen, die nach seiner eigenen Aussage lediglich *„im Geiste dieser Nationalmelodien komponiert"* worden sind. Daß der langsame zweite Satz später mit den Titeln *Indianisches Wiegenlied*, *Indianisches Lamento* oder *Indian Canzonetta* in der Einrichtung für verschiedene Instrumente als selbständige Komposition populär wurde und sehr große Verbreitung fand, geschah ohne Wissen Dvořáks auf Veranlassung seines Verlegers Simrock.

Als Quellen für die vorliegende Ausgabe dienten der Erstdruck, der 1894 im Verlag Simrock, Berlin, erschienen ist, und die *Kritische Ausgabe nach dem Manuskript des Komponisten* im Rahmen der Dvořák-Gesamtausgabe (Prag 1955). Manche Abweichungen vom Autograph (Dvořák-Museum Prag, Inv. Nr. 77) hatten sich schon im Erstdruck ergeben, dessen Korrektur – in Abwesenheit Dvořáks – wahrscheinlich kein geringerer als Johannes Brahms vorgenommen hat. Ergänzungen und Veränderungen gegenüber den Quellen, die vor allem im Bereich der Phrasierung und Dynamik festzustellen waren, sind im Revisionsbericht vermerkt. Als Ergänzung zur Urtext-Ausgabe der Sonatine in ihrer Originalfassung ist in der Edition Peters eine Einrichtung für Viola erschienen (EP 9363a), die das beliebte Werk zu einer willkommenen Bereicherung des Studien- und Konzertrepertoires für Bratsche werden läßt.

Anne Marlene Gurgel

CONCLUDING REMARKS

Antonín Dvořák wrote his G major Sonatina for Violin and Piano, op. 100, shortly before the sensational first performance in New York of his Ninth Symphony in E minor, *From the New World*, on 16 December 1893. The Sonatina was the last chamber work he wrote during his stay in America. Having reached his ‚century' in opus numbers, Dvořák was moved to dedicate the piece to his six children, especially the fifteen-year old Ottilie and the ten-year-old Tonik, to whose technical skills he tailored the piece's level of difficulty. In a few days between 23 November and 3 December 1893, Dvořák composed a small-scale work full of freshness and spontaneity which he later described, in a letter to his Berlin publisher Fritz Simrock, as a piece "intended for young people (it is dedicated to my two children), but adults and grown-ups may derive as much pleasure from it as they are able" (letter of 2 January 1894).

Since then, young people have taken to the Sonatina as their own, deriving great musical enjoyment from this not overly demanding work, whilst all the ‚grown-ups' regard it as a consummate example of the true Dvořák manner. All four movements bear traces of Dvořák's ‚American tinge': the characteristic use of pentatonicism in the themes, the lowered seventh in minor keys and the syncopated rhythms. These elements from native American folk music and spirituals are also familiar from the melodies of the *New World* Symphony and his two other chamber works of 1893: the F major String Quartet, op. 96, and the E-flat major Quintet for two violins, two violas and cello, op. 97. The depth to which Dvořák immersed himself in the American musical ethos during his sojourn in the ‚New World' is especially evident in the slow second movement of the Sonatina. The introductory theme is said to have been born in September 1893 whilst Dvořák was observing the splendid rainbow colours of the famous Minnehaha waterfall in Minnesota. Thus, rather than directly quoting Indian folk themes, Dvořák invented melodies of his own which, in his own words, had been "composed purely in the spirit of these national folk tunes". That this slow movement later enjoyed widespread popularity in separate arrangements for various instruments – and with titles such as *Indian Lullaby*, *Indian Lamento* or *Indian Canzonetta* – was instigated without Dvořák's knowledge by his publisher Simrock.

The sources used for the present edition are the first printed edition, which appeared in 1894 published by the Simrock Verlag, Berlin, and the Critical Edition, based on the composer's manuscript within the Dvořák Complete Edition (Prague 1955). The original print, which was proofread in Dvořák's absence by none other than Johannes Brahms, contains certain departures from the autograph manuscript (Dvořák Museum, Cat. No. 77). All changes or additions to the sources, particularly with regard to phrasing and dynamics, are noted in the editorial notes. Peter's urtext edition of the Sonatina in its ever-popular original version is complemented by an arrangement for viola (EP 9363a) that forms a welcome addition to the violist's teaching and concert repertoire.

Anne Marlene Gurgel

REVISIONSBERICHT

Abkürzungen: A = Autograph
EA = Erstausgabe
GA = Gesamtausgabe
O.S. = Oberes Klaviersystem
U.S. = Unteres Klaviersystem

1. Satz
Allegro risoluto

T. 8, Klavier U.S.: in EA Bogen nur bis zur 1. Note
T. 14, Violine: in EA Bogen über 1.–4. Note, 5. Note ohne Stacc.
T. 21, Violine: in EA *mf*, Crescendogabel fehlt
T. 21, Klavier: in EA ohne Crescendogabel
T. 23, Klavier: O.S.: 3. untere Note in EA Achtel
T. 30, Violine: 4.–5. Note in EA ohne Bogen und Stacc. 4. Note in GA ohne *fz*
T. 38, Violine: letzte Note in EA ohne Tenuto-Zeichen
T. 39, Violine: erste Note in EA ohne Tenuto-Zeichen
T. 45, Violine: 2. Note in EA ohne Tenuto-Zeichen
T. 47, Klavier U.S.: in GA ohne Stacc.
T. 54, Klavier O.S.: 3. Note in EA ohne Stacc.
T. 60, Klavier O.S.: 1. Note in EA ohne Stacc.
T. 70, Violine: 5.–6. Note in EA mit Bogen
T. 86, Violine: 1. Note in EA mit Stacc., Bogen über 2. und 3. Note
T. 97, Violine: in EA *pp*
T. 105, Violine: 3. Note in EA ohne Stacc.
T. 106, Klavier O.S.: 3. und 4. Note in EA ohne Stacc.
T. 106, Klavier U.S.: 2. Note in EA ohne Stacc.
T. 107, Klavier U.S.: 1. Note Stacc. ergänzt
T. 108–111, Violine: jeweils 3. Note in EA ohne Stacc.
T. 118–119, Violine und Klavier: in EA mit Decrescendogabel
T. 119, Violine: in EA ohne >
T. 123, Klavier U.S.: in EA Bogen nur bis 1. Note
T. 124 und 125, Klavier O.S.: > ergänzt
T. 126, Violine: über 2. und 3. Note Bogen in EA
T. 140, Violine: 1. Note in EA ohne >
T. 143, Violine: Crescendogabel ergänzt
T. 144, Violine: in EA nur *f*
T. 152 und 154, Klavier O.S.: 1. Note in GA ohne Tenuto-Zeichen
T. 154, Klavier: in EA ohne Crescendogabel
T. 155, Klavier: in EA ohne Decrescendogabel
T. 155, Klavier O.S.: in EA ohne >
T. 160, Klavier O.S.: in GA und EA Bogen bis letzte Note, geändert nach Analogstellen (Takt 156, 162)
T. 160, Klavier U.S.: 2. Note in EA ohne Stacc.
T. 166, Violine: 1. und 2. Note in EA ohne Stacc.
T. 168, Violine: 1. Note in EA ohne Stacc.
T. 168, Klavier O.S.: 2. Note in EA ohne >
T. 169, Violine: 3. Note in EA ohne Stacc.
T. 177, Violine: 3. und 4. Note in EA ohne Tenuto-Zeichen und Bogen
T. 187, Violine: in EA ohne Crescendogabel
T. 188, Violine: in EA ohne Decrescendogabel
T. 198, Klavier: in GA ohne Pedalangabe

2. Satz
Larghetto

T. 6, Klavier: in EA Decrescendogabel
T. 11, Klavier O.S.: 3. und 4. Note in EA ohne Bogen
T. 17–18, Klavier U.S.: untere Note in GA ohne Bogen, obere Note in EA ohne Bogen
T. 19, Klavier O.S.: 2. und 3. untere Note fehlt in EA
T. 21–22, Klavier U.S.: in EA ohne Bogen
T. 24, Violine: 3. und 4. Note in EA ohne Bogen. 4. Note in EA ohne Stacc.
T. 25, Klavier: in EA ohne *p*
T. 35, Violine: in EA geht Bogen in Takt 36 über
T. 37, Violine und Klavier: GA ohne *rit.*
T. 38, Violine: in EA ohne Crescendo- und Decrescendogabel. 3. Note ohne >, 3. und 4. Note ohne Bogen
T. 38, Klavier: in EA ohne Crescendo- und Decrescendogabel
T. 38, Klavier O.S.: Achtelnoten in EA ohne Bogen
T. 44–55, Klavier U.S.: 2. Noten in EA ohne Arpeggiozeichen
T. 52–55, Violine: in EA ohne Crescendo- und Decrescendogabel
T. 56, Violine und Klavier: in A und GA keine Tempoangabe
T. 56–59, Klavier O.S.: Bögen in GA über ganzem Takt, gerichtet nach EA analog Violinstimme, Takt 44 ff
T. 60–63, Klavier U.S.: in EA ohne Bogen
T. 67, Klavier U.S.: 1. und 2. Note in EA ohne Stacc., 3. Note in EA und GA ohne Stacc., ergänzt.
T. 72, Violine und Klavier: in EA ohne Tempoangabe

T. 74, Klavier O.S.: 2. und 3. Note in EA ohne Stacc.
T. 75, Violine: 3. Note in EA mit Tenuto-Zeichen
T. 79, Klavier: GA mit *p*
T. 86, Klavier: in EA ohne *ppp*

3. Satz
Scherzo
Molto vivace

T. 15, Violine: in EA Bogen über 2. und 3. Note
T. 15–16, Klavier O.S.: Bogen in EA bis Takt 16
T. 21–22, Klavier O.S.: GA ohne Bogen entsprechend Takt 29/30
T. 36, Violine und Klavier: in EA ohne Decrescendogabel, beginnt einen Takt später
T. 40, 42, 48 und 50, Violine: 2. Noten in EA ohne Stacc.
T. 40–55, Violine und Klavier: in A nicht ausgeschrieben, mit da Capo-Anweisung
T. 48 und 50, Klavier O.S.: 2. Note in EA ohne Stacc.
T. 56–58, 60 und 61, Klavier U.S.: in EA ohne Stacc.
T. 59, Violine: in EA ohne *f*
T. 60, Violine: in EA ohne *p*
T. 82 und 83, Klavier U.S.: in EA ohne Stacc.
T. 84, Klavier U.S.: 1. Note in EA ohne Stacc.

4. Satz, Finale
Allegro

T. 25, Klavier O.S. und U.S.: 2. Note in EA ohne >
T. 29, Violine: 2. Note in EA ohne >
T. 29–30 und 31–32, Klavier O.S.: in EA Bögen über 2 Takte
T. 35, Klavier O.S.: in EA ohne Bogen, in GA Bogenführung bis Takt 36
T. 46, Klavier O.S.: 1. Note   ergänzt, 2. Note in EA ohne Stacc.
T. 49, Klavier U.S.: > ergänzt
T. 50, Klavier U.S.: 1. Note   ergänzt, 2. Note in EA ohne Stacc.
T. 52, Klavier U.S.: 2. Note in EA ohne Stacc.
T. 72–73, Violine: GA Bogen bis 1. Note Takt 73
T. 73, Violine: GA Bogen über 2.–4. Note
T. 87, Violine: 1. und 3. Note in EA ohne >
T. 88, Klavier: *fz* ergänzt
T. 89, Klavier U.S.: 1. Note > ergänzt, 2. Note in EA ohne >
T. 104–105, Violine: in EA ohne Decrescendogabel
T. 106, Violine: in EA ohne *dolce*
T. 110–112, Violine und Klavier: in EA ohne Crescendogabel
T. 128, Violine: in EA Bogen schon ab 1. Note
T. 135, Violine und Klavier: *cresc.* ergänzt
T. 154, Klavier: in EA mit *cresc.*
T. 163, Klavier U.S.: 2. und 3. Note in EA ohne Stacc.
T. 169 und 171, Violine: 1. Note in EA ohne Stacc.
T. 176, Klavier U.S.: in EA *fz*
T. 185–187, Klavier U.S.: *fz* ergänzt
T. 197–199, Klavier O.S.: in EA ohne Stacc.
T. 200, Klavier O.S.: 2. untere Note gis' in EA
T. 201, Klavier O.S.: in EA ohne Akzente
T. 202–203, Klavier O.S.: in EA ohne Bogen
T. 207–208, Violine: in EA ohne Bogen
T. 222, Klavier O.S.: in EA mit Bogen
T. 223, Klavier O.S.: in EA ohne Bogen
T. 247–250, Violine: 2. Note in EA mit Stacc.
T. 262, Klavier O.S.: Vorschlagnote in EA g'''
T. 267, Violine und Klavier: in EA mit *f*
T. 268, Violine und Klavier: letzte Note in EA ohne >
T. 278, Klavier O.S.: in EA ohne Bogen
T. 282, Violine: Vorschlagnote in EA g''
T. 286–288, Klavier U.S.: in EA ohne Stacc.
T. 289, Klavier: in EA mit *f*
T. 289–290, Violine: in EA Bogen über jedem Takt
T. 289–290, Violine und Klavier: Decrescendogabel ergänzt analog Takt 100–101
T. 296, Violine: in EA mit Bogen
T. 297–298, Violine: in EA Bogen über beide Takte
T. 297–298, Klavier O.S.: in EA ohne Bögen
T. 313, Violine und Klavier: *ppp* ergänzt analog Takt 124
T. 317, Violine: 1. Note in EA mit Tenuto-Zeichen, 2. Note ohne Bezeichnung
T. 319, Violine: *pp* ergänzt analog Takt 130
T. 319, Klavier: *p* ergänzt analog Takt 130
T. 344, Klavier O.S.: in EA ohne Stacc.
T. 361, Violine: GA ohne >
T. 362–364, Klavier U.S.: 1. Note in EA ohne >
T. 365, Violine und Klavier: GA *poco a poco stringendo*

Kammermusik für Streicher und Klavier
Chamber music for strings with piano

C. F. PETERS · FRANKFURT/M. · LEIPZIG · LONDON · NEW YORK
www.edition-peters.de · www.edition-peters.com

MUSIK FÜR VIOLINE / MUSIC FOR VIOLIN

Violine solo

J.S. BACH 6 Sonaten und Partiten BWV 1001-1006 (Rostal) EP 9852

GENZMER Sonate (1983/84, rev. 1991) . . . . EP 8683

HALVORSEN Slåtter, Norwegische Bauerntänze . . . . EP 3083

NIELSEN Präludium und Thema mit Variationen op. 48 . . EP 3817

PAGANINI 24 Capricen op. 1 (Hertel) . . . . EP 9979

REGER 6 Präludien und Fugen op. 131a . . . . EP 3968

– Präludium e-Moll op. posth. EP 3968d

RODE 24 Capricen (Davisson) . . . . EP 281a

R. STRAUSS Orchesterstudien (Prill) . . . . EP 4189a/b

TELEMANN 12 Fantasien f. Violine ohne Baß (TWV 40: 14-25)
(Fechner/Thiemann) . . . . EP 9365

VIEUXTEMPS 6 Konzertetüden op. 16 (Arbós) . . . . EP 2564

– 6 Morceaux op. 55 (Drüner) . . . . EP 8356

M. WEISS Sonate für Violine solo (1985) . . . . EP 10478

WIENIAWSKI Etudes caprices op. 18 . . . . EP 3395

– L'École moderne op. 10 . . . . EP 3368

2 bis 3 Violinen

BOCCHERINI Duos: G, E, f (GV 63-65) (Sitt) . . . . EP 3338

GENZMER Studieren und Musizieren für 2 Violinen (E. Keller)

– Teil 1-2: 26 Duos . . . . EP 8432a

– Teil 3: Sonatine . . . . EP 8432b

– Teil 4: 12 Duos . . . . EP 8432c

HAYDN 3 Duos op. 99 (nach Hob. III: 40; III: 20; III: 23) . . EP 3303

LECLAIR Sonaten A, F, D (op. 3 Nr. 2, 4, 6) für 2 Vl. . . . . H 15

PACHELBEL Kanon und Gigue für 3 Violinen und B.c.(Gurgel) EP 9846

REGER 3 Duos op. 131b

– Nr. 1 e-Moll . . . . EP 3969d

– Nr. 2 d-Moll . . . . EP 3969e

– Nr. 3 A-Dur . . . . EP 3969f

SPOHR 3 Duette op. 3 . . . . EP 1086a

– 2 Duette op. 9 . . . . EP 1086b

– 3 Duette op. 39 . . . . EP 1086c

– 3 Duette op. 67 . . . . EP 1086d

TELEMANN 6 Kanonische Sonaten für 2 Violinen
TWV 40: 118-123 (C. Herrmann) . . . . EP 4394

VIOTTI Duos op. 29 (C. Herrmann) . . . . EP 1087a

Violine und Klavier / Cembalo

C.Ph.E. BACH Sonate g-Moll für Fl. (Vl.) und Cemb./Klavier,
(früher J.S. Bach zugeschrieben, BWV 1020) (Gurgel/Jacobi) . EP 9856

J.S. BACH Sonaten h, A, E (BWV 1014-1016) . . . . EP 4591a

– Sonaten c, f, G (BWV 1017-1019) (Stiehler/Schleifer) . . . EP 4591b

– Sonaten G, e, c (BWV 1021, 1023, 1024) für Violine
und Basso continuo (H. Keller) . . . . EP 4591c

BEETHOVEN Sonaten (J. Joachim)

– Bd. I op. 12/1-3; 23; 24 (Frühlingssonate) . . . . EP 3031a

– Bd. II op. 30/1-3; 47 (Kreutzersonate); 96 . . . . EP 3031b

– Sonate F-Dur op. 17 (orig. für Horn) (Fr. Hermann) . . . . EP 149

BOCCHERINI Sonate B-Dur op. 5/3 (GV 27) (Vorholz) . . . EP 8079

BRAHMS Sonaten op. 78, 100, 108 (Flesch/Schnabel) . . . EP 3900

BUSONI Bagatellen op. 28 . . . . EP 2449

CORELLI Sonaten D, F, e (op. 5 Nr. 1, 4, 8) (Klengel) . . . . EP 3836a

– Sonaten C, g, A (op. 5 Nr. 3, 5, 9) (Klengel) . . . . EP 3836b

CRUMB 4 Nocturnes für Violine und Klavier (1964) . . . . . EP 66465

DEBUSSY Sonate (Garay) . . . . EP 9121

DVOŘÁK Sonatine G-Dur op. 100 (Vorholz) . . . . EP 8162

– Romantische Stücke op. 75 (Gurgel/Thiemann) . . . . EP 9824

FAURÉ Sonate Nr. 1 A-Dur op. 13 (Howat) . . . . EP 7487

– Sonate Nr. 2 e-Moll op. 108 (van Amerongen) . . . . EP 9891a

– Après un rêve (Howat) . . . . EP 7481

FRANCK Sonate A-Dur (Jacobson) . . . . EP 3742

GRIEG Sonate Nr. 1 F-Dur op. 8 . . . . EP 1340

– Sonate Nr. 2 G-Dur op. 13 . . . . EP 2279

– Sonate Nr. 3 c-Moll op. 45 . . . . EP 2414

HÄNDEL Sonaten für Violine und B.c. (Davisson/Ramin)

– – Bd. I Sonaten A, a, F (HWV 361, 368, 370) . . . . EP 4157a

– – Bd. II Sonaten D, A, E (HWV 371, 372, 373) . . . . . . EP 4157b

– Sonaten für Violine und B.c. (Burrows)

– – Bd. I Sonaten HWV 359a, 361, 364a, 367a, 372, 373 . . . EP 7315

– – Bd. II Sonaten und Stücke HWV 288, 358, 368,
370, 371, 406, 407, 408, 412 . . . . EP 7316

HAYDN Sonaten F, es, G, B, G (Hob. XV: 17, 31, 32, 38;
Hob. XVI, 43bis) (K.H. Köhler) . . . . EP 9017

– Sonate G (nach Hob. III: 81) . . . . EP 190a

JANSCHINOW Concerto im russischen Stil op. 35 . . . . . . EP 4706

KOMAROWSKI Konzert Nr. 1 e-Moll . . . . EP 4747

– Konzert Nr. 2 A-Dur . . . . EP 4780

MENDELSSOHN BARTHOLDY Sonate f-Moll op. 4 . . . . . EP 1732

– Sonate F-Dur, Erstausgabe (Y. Menuhin) . . . . EP 6075

MOZART Sonaten (Flesch/Schnabel)

– Bd. I KV 296, 301-306, 376, 377 . . . . EP 3315a

– Bd. II KV 378-380, 402, 403, 454, 481, 526, 547, 570 . EP 3315b

NOVAČEK Perpetuum mobile (Davisson) . . . . EP 2786

PFITZNER Sonate e-Moll op. 27 . . . . EP 3620

RAFF Cavatine (mit: Vieuxtemps, Rêverie;
Wieniawski, Legende) . . . . EP 3383

REGER Sonate c-Moll op. 139 . . . . EP 3985

– 6 ausgewählte kleine Stücke (op. 79/1,2,3; op. 87/1;
Romanze G, Petite Caprice) (Thiemann) . . . . EP 9105

SAINT-SAËNS Sonate op. 75 (Thiemann) . . . . EP 9291

– Havanaise op. 83 . . . . EP 9292

SCHÖNBERG Fantasie op. 47 . . . . EP 6060

SCHUBERT Rondo in h op.70, Fantasie in C op.159, Variationen („Trock'ne Blumen") op.160, Sonate in A op.162 . . EP 156b

– Sonatinen D-Dur, a-Moll, g-Moll op. 137 (C. Herrmann) . EP 156a

SCHUMANN Fantasie op. 131 (Davisson) . . . . EP 2368a

– Sonaten a-Moll op. 105, d-Moll op. 121 . . . . EP 2367

– Fantasiestücke op. 73 . . . . EP 2366b

– Märchenbilder op. 113 . . . . EP 2372

– 3 Romanzen op. 94 . . . . EP 2387

TELEMANN 6 Sonatinen (TWV 41: A2, B2, D2, G3, E1, F1)
mit Vc. ad lib. (Maertens/Bernstein) . . . . EP 9096

VERACINI Sonate e-Moll (Lenzewski) . . . . EP 4345

– 12 Sonaten (1716) mit B.c., 4 Bde. (Kolneder) . . . . EP 4965a-d

VIVALDI Die Jahreszeiten op. 8 Nr. 1-4 (Kolneder)

– Nr. 1 Der Frühling RV 269 . . . . EP 9055a

– Nr. 2 Der Sommer RV 315 . . . . EP 9055b

– Nr. 3 Der Herbst RV 293 . . . . EP 9055c

– Nr. 4 Der Winter RV 297 . . . . EP 9055d

C. F. PETERS · FRANKFURT/M. · LEIPZIG · LONDON · NEW YORK

www.edition-peters.de · www.edition-peters.com

10/00